essentials

Springer Essentials sind innovative Bücher, die das Wissen von Springer DE in kompaktester Form anhand kleiner, komprimierter Wissensbausteine zur Darstellung bringen. Damit sind sie besonders für die Nutzung auf modernen Tablet-PCs und eBook-Readern geeignet. In der Reihe erscheinen sowohl Originalarbeiten wie auch aktualisierte und hinsichtlich der Textmenge genauestens konzentrierte Bearbeitungen von Texten, die in maßgeblichen, allerdings auch wesentlich umfangreicheren Werken des Springer Verlags an anderer Stelle erscheinen. Die Leser bekommen „self-contained knowledge" in destillierter Form: Die Essenz dessen, worauf es als „State-of-the-Art" in der Praxis und/oder aktueller Fachdiskussion ankommt.

Olaf Hoffjann

Verbandskommunikation und Kommunikationsmanagement

Eine systemtheoretische Perspektive

Olaf Hoffjann
Ostfalia Hochschule für angewandte
Wissenschaften
Salzgitter, Deutschland

ISSN 2197-6708   ISSN 2197-6716 (electronic)
ISBN 978-3-658-03860-1   ISBN 978-3-658-03861-8 (eBook)
DOI 10.1007/978-3-658-03861-8

Die Deutsche Nationalbibliothek verzeichnet diese Publikation in der Deutschen Nationalbi-
bliografie; detaillierte bibliografische Daten sind im Internet über http://dnb.d-nb.de abrufbar.

Springer VS
© Springer Fachmedien Wiesbaden 2014

Gedruckt auf säurefreiem und chlorfrei gebleichtem Papier

Springer VS ist eine Marke von Springer DE. Springer DE ist Teil der Fachverlagsgruppe
Springer Science+Business Media
www.springer-vs.de

Vorwort

Dieses Werk basiert auf dem „Handbuch Verbandskommunikation" von Olaf Hoff-jann und Roland Stahl (2010). Obwohl Verbände mitunter als „Kommunikations-Dienstleister" oder als „Kommunikationsorganisationen" bezeichnet werden, hat die Verbandskommunikation bis heute wenig Beachtung gefunden. In dem Handbuch ist das Feld der Verbandskommunikation erstmals systematisiert worden. Dazu wurden zentrale Fragestellungen des Forschungsbereiches herausgearbeitet und beantwortet. Die von Wissenschaftlern und Praktikern geschriebenen Beiträge geben einen aktuellen Überblick über wissenschaftliche Erkenntnisse im Feld und liefern den Praktikern damit wertvolles Reflexionswissen für ihre Arbeit. Thematische Schwerpunkte sind Funktionen und Strukturen der Verbände in Deutschland, integrierte Konzepte der Verbandskommunikation sowie die Beziehungen zur Öffentlichkeit.

Für VS Essentials wurde der Beitrag „Verbandskommunikation und Kommunikationsmanagement" ausgewählt, um die Entwicklung einer Theorie der Verbandskommunikation als komprimierten Wissensbaustein der Verbandskommunikation zur Darstellung zu bringen. Er wurde durchgesehen und aktualisiert.

Geleitwort

Springer Essentials sind innovative Bücher, die das Wissen von Springer DE in kompaktester Form anhand kleiner, komprimierter Wissensbausteine zur Darstellung bringen. Damit sind sie besonders für die Nutzung auf modernen Tablet-PCs und eBook-Readern geeignet. In der Reihe erscheinen sowohl Originalarbeiten wie auch aktualisierte und hinsichtlich der Textmenge genauestens konzentrierte Bearbeitungen von Texten, die in maßgeblichen, allerdings auch wesentlich umfangreicheren Werken des Springer Verlags an anderer Stelle erscheinen. Mit Vorwort, Abstracts, Keywords, Quellen- und Literaturverzeichnis bekommen die Leser „self-contained knowledge" in destillierter Form: Die Essenz dessen, worauf es als „State-of-the-Art" in der Praxis und/oder aktueller Fachdiskussion ankommt.

Inhaltsverzeichnis

Einleitung 1

Verbände sind als Vermittler Organisationen voller Widersprüche. Spätestens seitdem Schmitter und Streeck (1981) die Widersprüchlichkeit von Mitglieder-Logik und Einfluss-Logik in Verbänden herausgearbeitet haben, ist dieses „Organisationsdilemma" (Wiesenthal 1993) ein zentrales Thema der politikwissenschaftlichen Verbändeforschung. Bis heute gibt es hingegen kaum Erkenntnisse dazu, welche Konsequenzen dieser eingebaute Widerspruch für die Verbandskommunikation hat. Zudem ist zu fragen, ob verbandliche Kommunikationsstrategien das Dilemma wenn schon nicht auflösen, so doch zumindest unsichtbar machen können – oder ob sie es sogar eher verschärfen.

Zur Beantwortung dieser Frage, wird auf einer systemtheoretischen Grundlage zunächst ein Rahmen für die Verbandskommunikation entwickelt. In Verbänden stellen sich drei zentrale Probleme: das Problem der Legitimation gegenüber dem politisch-administrativen System, das Problem zurückgehender Mitgliederbindungen sowie die Widersprüche, die sich aus der Bearbeitung dieser Probleme ergeben. Zur Lösung dieser drei Probleme haben sich mit der Legitimationskommunikation, der Mitgliederbindungskommunikation und dem integrierten Kommunikationsmanagement drei Disziplinen ausdifferenziert, die der klassischen Verbandskommunikation zugeordnet werden können. Damit wird eine Spezialisierungs- und Integrationsperspektive gleichermaßen eingenommen: Zunächst wird zu untersuchen sein, wie die Probleme fehlender Unterstützung und der Legitimation bearbeitet werden, um anschließend zu fragen, wie die daraus entstehenden Widersprüche bearbeitet werden.

Da die Vermittlung organisierter Interessen und die politische Kommunikation enormen Veränderungsprozessen unterliegen (vgl. Willems und Winter 2007; Jarren und Donges 2002a), wird diese Betrachtung durch eine dynamische Perspektive ergänzt. Dazu sollen jeweils die Konsequenzen von drei ausgewählten relevanten Entwicklungen für die jeweiligen Disziplinen der Verbandskommunikation erläutert werden: die Medialisierung insbesondere der politischen Kommunikation, die

O. Hoffjann, *Verbandskommunikation und Kommunikationsmanagement*, essentials, 1
DOI 10.1007/978-3-658-03861-8_1, © Springer Fachmedien Wiesbaden 2014

zurückgehende Bindung von Mitgliedern und die Pluralisierung organisierter Interessen. Weitere in der Forschung genannte Entwicklungen wie die Europäisierung, Globalisierung, Berlinisierung oder Professionalisierung (vgl. z. B. Alemann 2000; Wehrmann 2007) wurden aus forschungsökonomischen Gründen nicht berücksichtigt.

Diese dynamische Perspektive ist gewählt worden, weil vermutet wird, dass vor allem die drei genannten Entwicklungen dazu beitragen, dass sich das Organisationsdilemma von Verbänden verschärfen wird und damit die Anforderungen an ein integriertes Kommunikationsmanagement enorm zunehmen werden. Weil die Beziehungen sowohl zu Mitgliedern als auch zum politisch-administrativen System immer prekärer werden, erfordert dies zunehmende Kommunikationsbemühungen, die wiederum zu neuen Widersprüchen führen.

Dem Werk liegt ein enges Verbandsverständnis zugrunde. Im Mittelpunkt stehen Non-Profit-Organisationen, die ihre Interessen aktiv gegenüber anderen Akteuren nach außen vertreten. Weitere Kennzeichen sind neben der Gemeinsamkeit des Interesses und der nach außen gerichteten, politischen Zielrichtung die formale Zugehörigkeit der Mitglieder und eine ausdifferenzierte Organisationsstruktur (vgl. Hackenbroch 1998b, S. 482). Ein solches Verständnis schließt explizit Organisationen der Neuen Sozialen Bewegungen wie *Greenpeace* ein.

Verbandskommunikation: theoretische Herleitung 2

Verbände sind wie wenige andere Organisationen Experten für das „Dazwischen". Sie stehen zwischen verschiedenen gesellschaftlichen Logiken sowie zwischen ihren Mitgliedern und dem politisch-administrativen System. Zum Verständnis und zur Erläuterung von Verbandskommunikation bedarf es einer genaueren Analyse dieses spezifischen „Dazwischen". Dazu sollen auf einer systemtheoretischen Basis die drei zentralen Probleme herausgearbeitet werden, die Verbände lösen müssen und die in den nachfolgenden Kapiteln ausführlich erläutert werden. Auf dieser Basis wird das Verständnis von Verbandskommunikation sowie von drei zentralen Disziplinen herausgearbeitet.

2.1 Verbände als intermediäre und multireferentielle Organisationen

Verbände werden in einer politikwissenschaftlichen Perspektive als intermediäre Organisationen zwischen Staat und Bürgerschaft modelliert (vgl. Streeck 1987). In einer allgemeinen Beschreibung können intermediäre Systeme mit Rucht wie folgt definiert werden:

> Ganz allgemein bezeichnet ein intermediäres Element oder System ein ‚Bindeglied'. Damit wird auf zwei weitere Elemente verwiesen, die durch das intermediäre Element verknüpft, also in einen Funktionszusammenhang gebracht werden. Intermediäre Systeme verbinden (mindestens) zwei externe Systeme, zwischen denen Kommunikationsschranken existieren oder die sogar in einem spannungsreichen bzw. widersprüchlichen Verhältnis zueinander stehen. Technisch gesprochen: Diese externen Systeme sind nichtk oder kaum kompatibel, weil sie verschiedenen Logiken und Prinzipien gehorchen, die keine unmittelbare Verknüpfung erlauben. Um eine interaktive Beziehung einzugehen, bedürfen solche Systeme eines Übersetzungsmechanismus. Dieser wird vom intermediären System bereitgestellt. (Rucht 1993, S. 256)

O. Hoffjann, *Verbandskommunikation und Kommunikationsmanagement*, essentials, DOI 10.1007/978-3-658-03861-8_2, © Springer Fachmedien Wiesbaden 2014

Neben Verbänden übernehmen im politischen Kontext auch Parteien und soziale Bewegungen intermediäre Funktionen. Intermediäre Organisationen fördern die politische Interessenbildung an der Basis, mobilisieren Unterstützung für politische Interessen, nehmen politische Interessen auf, aggregieren und selektieren sie und artikulieren sie in Richtung Staat, wirken an staatlicher Entscheidungspolitik mit und vermitteln staatliche Entscheidungen an die Basis zurück (vgl. Steiner und Jarren 2009, S. 251). Intermediäre vermitteln damit zwischen der privaten Sphäre der Bürger, Gruppen, sozialen Milieus auf der einen und dem politisch-administrativen System auf der anderen Seite (vgl. Rucht 1993, S. 257).

Während intermediäre Organisationen in einer demokratietheoretischen und normativen Betrachtung Partizipation ermöglichen und die Rückbindung des Staates an den Willen des Publikums ermöglichen, sind es in einer deskriptiven systemtheoretischen Betrachtung die Zulassung und Selektion von politischen Themen und Interessen. Mit anderen Worten: Intermediäre Organisationen reduzieren im Zwischenbereich von politischer Peripherie (Publikum) und Zentrum (Staat) politische Komplexität (vgl. Steiner und Jarren 2009, S. 257).

Das spezifische Problem von intermediären Organisationen wie Verbänden zeigt sich in dieser Betrachtung darin, dass sie sowohl gegenüber der politischen Peripherie als auch gegenüber dem politischen Zentrum strukturell offen sind und auf Inklusion angewiesen sind. Wenn man aktuelle und potenzielle Mitglieder und Unterstützer als interne Umwelt versteht, wird hier eine breite Inklusion angestrebt, um die Chancen externer Einflussnahme zu steigern. Denn erst eine breite Inklusion signalisiert die Legitimation der vertretenen Interessen und bietet damit zugleich Sanktionspotenzial, das für die Interessendurchsetzung in der politischen Kommunikation relevant ist. *Das erste zu lösende Problem von Verbänden ist daher, Unterstützung und Zustimmung zu generieren.* Gegenüber dem politisch-administrativen System als externe Umwelt streben Verbände ebenfalls eine aktive und effektive Inklusion an, um so Entscheidungen beeinflussen zu können (vgl. ebd.: 257 f.; Jarren et al. 2007b, S. 340). *Das zweite zu lösende Problem von Verbänden ist es folglich, Voraussetzungen zu schaffen, um Entscheidungen des politisch-administrativen Systems beeinflussen zu können.*

Daher können, so Steiner und Jarren treffend (2009, S. 257), Intermediäre wie Verbände selbst als demokratische *politische Systeme en miniature* bezeichnet werden: Sie lassen intern Komplexität zu und reduzieren diese im Zuge formeller und informeller Verfahren auf wenige komplexe Entscheidungsalternativen, um dadurch effektiv Einfluss nehmen zu können (vgl. ebd.: 257; Berger 2004, S. 17).

Offenkundig stehen diese beiden Probleme in einem Widerspruch zueinander, der sich als das Dilemma von Repräsentation und Effektivität zusammenfassen lässt. Je stärker die Interessen der einzelnen Mitglieder berücksichtigt werden, desto geringer ist der Handlungsspielraum der Funktionäre. Desto mehr Interessen eine Verbandsspitze jedoch „aussortiert", um ihren Handlungsspielraum zu sichern, desto mehr drohen sie, die Unterstützung ihrer Mitglieder zu verlieren (vgl. Jarren und Donges 2002a, S. 155). *Dieses Dilemma, das Schmitter/Streeck als Widerspruch von Mitgliedschafts- und Einflusslogik bezeichnet haben (1981), ist das dritte zu lösende Problem von Verbänden.*

Wie wichtig die Berücksichtigung beider Seiten ist, zeigt sich darin, dass eine gelungene oder eine misslungene Berücksichtigung eines Interesses schnell in eine Erfolgs- bzw. Misserfolgsspirale münden kann. Eine erfolgreiche Mitgliederinklusion – also zum Beispiel die erfolgreiche Mobilisierung der Mitglieder bei einer Demonstration – erhöht den externen Einfluss, während eine erfolgreiche Beeinflussung die Unterstützungsbereitschaft von Mitgliedern erhöht (vgl. Steiner und Jarren 2009, S. 258; Streeck 1987, S. 492).

Die beschriebenen Probleme gelten für alle intermediären Organisationen – also auch für Parteien und Soziale Bewegungen. Wenn man die Perspektive erweitert und die Multireferenz von Verbänden in den Mittelpunkt stellt, ermöglicht dies eine Unterscheidung zu Parteien und zugleich ein besseres Verständnis der drei Problemfelder von Verbänden.

Verbände reduzieren nicht nur politische Komplexität von der politischen Peripherie hin zum politischen Zentrum, sondern sie gehorchen, so Rucht (1993, S. 256, 2007, S. 20) unterschiedlichen Logiken und Prinzipien. Im Falle von Wirtschaftsverbänden sind dies insbesondere die Logik des Wirtschafts- und des politischen Systems. Wie ist das möglich, wenn Funktionssysteme nicht „miteinander" kommunizieren können? Für das politische System wird das wirtschaftliche System immer Umwelt bleiben – und umgekehrt. Politik und Wirtschaft können daher nicht „miteinander" kommunizieren (vgl. Luhmann 2000b, S. 241). Organisationssysteme nehmen in der systemtheoretischen Perspektive eine besondere Stellung ein. Funktionssysteme können sich „in Organisationssystemen einnisten – und zwar mehrere Funktionssysteme in ein und derselben Organisation" (ebd.: 398). Organisationen werden damit zum „Treffraum" (ebd.: 398) von Funktionssystemen. Organisationen können als multireferentielle Systeme beschrieben werden (vgl. Wehrsig und Tacke 1992, S. 234 f.), da sich ihre Kommunikationen auf verschiedene Funktionssysteme beziehen. So haben sich in Zeitungsverlagen mindestens das wirtschaftliche und das journalistische System eingenistet und bei Wirtschaftsverbänden mindestens das politische und das wirtschaftliche System. Damit vermitteln Wirtschaftsverbände zwischen den Erwartungen des politischen und des Wirtschaftssystems (vgl. Luhmann 2000a, S. 397 f.; Lieckweg 2001, S. 277). Diese Vermittlungsleistung ist in einer internen und externen Perspektive zu beschreiben.

Intern handeln Verbände – wie oben beschrieben – die Themen aus, die einerseits gegenüber dem politisch-administrativen System und in der politischen Öffentlichkeit vermittelbar sind und die andererseits im Falle von Wirtschaftsverbänden die negativen wirtschaftlichen Folgen möglichst gering halten. Während also jedes Funktionssystem weiterhin auf seine Weise autonom arbeitet, fallen „alle Integrationsprobleme, alle wechselseitigen Einschränkungen der Freiheitsgrade" (Luhmann 2000b, S. 398) nur in der Organisation an.

Extern werden Verbände zu Repräsentantenorganisationen (vgl. Lieckweg 2001, S. 277), die von Fall zu Fall als Organisation des politischen oder des wirtschaftlichen Systems gesehen werden. Wenn nur Organisationen wie Personen im eigenen Namen kommunizieren können (vgl. Luhmann 2000b, S. 241), dann werden Verbände zu „Gesprächspartnern" von Unternehmen und Organisationen des politischen Systems. Das politische Publikum und das politisch-administrative System erwartet von Mitteilungen, die den Verbänden zugeschrieben werden, Auskunft über andere Funktionssysteme wie die Wirtschaft: Politik lässt sich folglich von Verbänden irritieren. Umgekehrt richtet zum Beispiel das Wirtschaftssystem seine Erwartungen hinsichtlich der Politik auch an die Verbände: Das Wirtschaftssystem lässt sich ebenfalls von Verbänden irritieren. Verbände dienen der Politik und der Wirtschaft damit als Identifikationspunkt, als Erwartungsadressat von sich ereignenden Äußerungen (vgl. Brodocz 1996, S. 367). Damit hängt eng das Glaubwürdigkeitsproblem von Verbänden zusammen. Sie sind gewissermaßen zu eigenen Organisationen ausdifferenzierte „Boundary spanners" (Thompson 1967). Im politisch-administrativen System und in der politischen Öffentlichkeit stehen sie unter dem Verdacht, dass sie Partikularinteressen vertreten. Und gegenüber ihren Mitgliedern sehen sie sich dem Verdacht ausgesetzt, sich zu sehr an politischen Rationalitäten zu orientieren.

Als multireferentielle Organisationen vermitteln Verbände zwischen den Leistungserwartungen und Leistungsbereitschaften der jeweiligen Funktionssysteme. Da dies aber letztlich jede Organisation leistet, kann mit Lieckweg (2001, S. 280) überspitzt formuliert werden, dass letztlich jede Organisation eine Vermittlerorganisation ist. Was ist dann die Besonderheit von Verbänden? Während diese Vermittlungsleistung in den meisten anderen Organisation quasi ein Nebenprodukt ist, ist die – nicht normativ zu verstehende – Vermittlung bei Verbänden eine zentrale Leistung.

Aus den Überlegungen wird der spezifische vermittelnde Charakter von Verbänden deutlich. Verbände wirken damit vermittelnd in zweierlei Hinsicht: erstens zwischen anderen gesellschaftlichen Teilsystemen und der Politik und zweitens zwischen der politischen Peripherie und dem politischen Zentrum. Verbände sind damit „Dazwischenorganisationen", die weder allein der Wirtschaft – im Falle von

Wirtschaftsverbänden – noch der Politik zugerechnet werden können. Als „Dolmetscher" (Rucht 1993) müssen Verbände beide Sprachen beherrschen. Dies gilt insbesondere, weil Themen erst durch den doppelten Bezug zu Politik und Wirtschaft Verbandsrelevanz erlangen.

Damit sind die drei zentralen zu lösenden Probleme von Verbänden herausgearbeitet worden. Erstens ist dies die Generierung von Mitgliedern bzw. eines Unterstützungspotenzials, zweitens ist dies die Beeinflussung von Entscheidungen des politischen-administrativen Systems und drittens ist es das Management der Widersprüche, zu denen die Bearbeitung der ersten beiden Probleme führen.

2.2 Verbandskommunikation: Definition und Disziplinen

Wenn in einer systemtheoretischen Perspektive die Gesellschaft nur aus Kommunikation besteht, folgt daraus ein sehr breites Verständnis von Verbandskommunikation. Mit Theis-Berglmaier (vgl. 2003, S. 347) sollen zur Verbandskommunikation alle Kommunikationen in und von einem Verband verstanden werden. Angesichts eines solch breiten Verständnisses gewinnt die Beschreibung von Syszka/Schütte/Urbahn von „Verbänden als Kommunikationsorganisationen" (2009, S. 193) eine ganz neue – und wohl kaum intendierte Bedeutung. Die Frage ist dann, wie von dieser Gesamtheit der Verbandskommunikation diejenigen unterschieden werden können, die landläufig als Verbands-PR (vgl. z. B. Brieske 2007) bezeichnet werden.

Das zu entwickelnde Verständnis von Verbandskommunikation muss zudem zweierlei leisten. Einerseits sind z. B. Unternehmen in Verbänden Mitglied, weil sie damit die Beziehungspflege zur Politik unterstützen wollen. Verbände sind in dieser Perspektive ein Instrument der Public Affairs – sie sind funktional äquivalent zu Public Affairs-Abteilungen in Unternehmen. Andererseits haben die Erläuterungen die Eigenlogik von Verbänden gezeigt: Wirtschaftsverbände vertreten die Interessen vieler Unternehmen und haben dabei in der Regel auch ihre eigene Existenzsicherung im Blick (vgl. Wiesenthal 1993, S. 6).

Es sollen drei zentrale Disziplinen der Verbandskommunikation unterschieden werden, die sich jeweils auf die Bearbeitung eines der herausgearbeiteten Probleme spezialisiert haben:

- Die *Legitimationskommunikation* sind sämtliche Kommunikationen, mit denen Verbände die Legitimation ihrer Interessen und die Interessendurchsetzung gegenüber dem politisch-administrativen bearbeiten.
- Die *Mitgliederbindungskommunikation* sind sämtliche Kommunikationen, die das Problem der Mitgliederbindung bearbeiten.

- Das *integrierte Kommunikationsmanagement* sind sämtliche Kommunikationen, die das Problem der Widersprüche bearbeiten, die sich u. a. aus der Bearbeitung der ersten beiden Probleme ergeben.

Die drei Disziplinen können systemtheoretisch als Subsysteme eines Verbands modelliert werden (vgl. ausführlich dazu Luhmann 1964; Hoffjann 2007). Eine solche Ausdifferenzierung setzt nicht zwangsläufig eigene Abteilungen voraus – dies dürfte im Gegenteil sogar eine absolute Ausnahme bleiben. Von einer solchen Ausdifferenzierung soll selbst in den – nicht unüblichen – Fällen ausgegangen werden, in denen ein Verbandsgeschäftsführer zugleich der Pressesprecher ist. Wenn hier dennoch für eine Ausdifferenzierung in die drei Disziplinen plädiert wird, dann steht dahinter die Überzeugung, dass die zu lösenden Probleme, die Selektionskriterien und die jeweiligen Rationalitäten von großen Unterschieden geprägt sind – und diese drei spezifischen Subsysteme damit jeden Verband prägen.

2.3 Was Verbandskommunikation beeinflusst

Die politische Interessenvermittlung ist geprägt von großen Veränderungsprozessen (vgl. Jarren et al. 2007a). Bevor die drei Disziplinen der Verbandskommunikation eingehend erläutert werden, sollen daher zunächst drei relevante Entwicklungen eingeführt und kurz erläutert werden. Dies sind die zurückgehende Mitgliederbindung, die Medialisierung insbesondere der politischen Kommunikation sowie die Pluralisierung organisierter Interessen. Die Relevanz anderer Entwicklungen wie die Europäisierung, die Globalisierung, die Professionalisierung oder die Berlinisierung (vgl. z. B. Alemann 2000; Wehrmann 2007) soll damit nicht geleugnet werden, sie führen aber eher zur Etablierung und zum Ausbau zusätzlicher Aktivitäten, als dass sie die grundlegenden Strukturen der Legitimations-, der Mitgliederbindungskommunikation und des integrierten Kommunikationsmanagements verändern würden.

Verbände sind Antreiber und Getriebene dieser Entwicklungen gleichzeitig, wenn auch in einem unterschiedlichem Ausmaß. Wenn die drei Entwicklungen einleitend erläutert werden, steht dahinter die Überzeugung, dass sie die Legitimationskommunikation, Mitgliederbindungskommunikation und das integrierte Kommunikationsmanagement mittelbar oder unmittelbar beeinflussen.

Als Mediatisierung bzw. *Medialisierung* für den Bereich der politischen Kommunikation soll mit Ulrich Sarcinelli (vgl. 1998, S. 678 f.) die wachsende Verschmelzung von Medienwirklichkeit und politischer wie sozialer Wirklichkeit, die zunehmende Wahrnehmung von Politik über Medien sowie die Ausrichtung politischen

Handelns und Verhaltens an den Gesetzmäßigkeiten des Mediensystems verstanden werden. Zentraler Bezugspunkt dieser Veränderungen ist die Entwicklung hin zur Mediengesellschaft, die zu Medialisierungsprozessen in fast allen gesellschaftlichen Bereichen geführt hat. Als Indikatoren für eine Medialisierung politischer Organisationen werden u. a. genannt ein wahrgenommener Bedeutungszuwachs der Medien, eine wachsende Zahl an Mitarbeitern in der Kommunikationsabteilung, deren hohe organisatorische Anbindung sowie eine Zunahme an Medienaktivitäten (vgl. Donges 2008). Vorreiter dieser Entwicklung sind in Deutschland neben den Parteien Protestorganisationen bzw. Verbände einer neuen Generation wie *Greenpeace*. Je mehr Organisationen eine Medialisierungsstrategie entwickeln, desto größer wird der Druck auf andere Organisationen – und sei es nur, um nicht negativ aufzufallen (vgl. Arlt und Jarren 1996, S. 307). Denn sie alle konkurrieren um die Aufmerksamkeit der Medien und um die Deutung der Themen. Dies führt zu einem gestiegenen Kommunikationsaufwand auf allen Seiten. Es wird zu zeigen sein, dass die Medialisierung Auswirkungen auf die Legitimations- und Mitgliederbindungskommunikation und damit zugleich in besonders hohem Maße auf das integrierte Kommunikationsmanagement hat.

Eine zweite relevante Entwicklung ist das „*Aussterben des Stammkunden*", wie Streeck (1987, S. 474) bereits vor langer Zeit das Problem zurückgehender Mitgliederzahlen plakativ bezeichnet hat (vgl. Sebaldt und Straßner 2004). Von diesem Problem sind Verbände ebenso betroffen wie Unternehmen, Parteien und Religionsgemeinschaften. Mitglieder und Kunden sind anspruchsvoller, unzuverlässiger und damit wechselwilliger geworden. Verbände sind besonders vom Verfall traditionaler Sozialmilieus betroffen, in denen eine Mitgliedschaft z. B. in Gewerkschaften als selbstverständlich galt. Dem affektiv-expressiven Charakter einer Mitgliedschaft ist vielfach ein instrumenteller Charakter gewichen (vgl. Streeck 1987, S. 475). Verbände haben dies erkannt, behandeln Mitglieder als Kunden und bauen vielfach Dienstleistungen auf, um zusätzlich dem Problem des Trittbrettfahreranreizes zu begegnen (vgl. Wiesenthal 1993, S. 6). Das verstärkt wiederum das Risiko einer „affektiven Verarmung" (Streeck 1987, S. 475).

Die *Pluralisierung organisierter Interessen* als dritte relevante Entwicklung ist das Ergebnis verschiedener parallel verlaufender Prozesse. Dazu zählen die Individualisierung und Heterogenisierung von Interessen und Lebensstilen, ein beschleunigter Wandel wirtschaftlicher, kultureller und politischer Verhältnisse und die wachsende Komplexität und Internationalisierung gesellschaftlicher Handlungsfelder (vgl. Kleinfeld et al. 2007, S. 15 f.). In Deutschland hat diese Entwicklung u. a. zum Ende korporatistischer Strukturen geführt. Als Korporatismus wird die „Beteiligung von Interessengruppen an der Formulierung und Implementation von politischen Programmen und zwar auf der Basis von Interorganisationsnetzwerken zwischen Regierung und politischer Verwaltung einerseits und starken, zentralisierten gesellschaftlichen Verbänden andererseits" verstanden (Czada 2000, S. 9). Große Verbände verdanken damit ihre Bedeutung in der Bundesrepublik seit Mitte der 70er Jahre korporatistischen Strukturen wie konzertierten Aktionen (vgl. Leif und Speth 2006, S. 17). Die Zunahme organisierter Interessen führt zu Neugründungen von Verbänden und seit den 90er Jahren zur Etablierung von Unternehmensrepräsentanzen in Berlin und Brüssel. Damit wird die Konkurrenzsituation für Verbände zunehmend größer.

Legitimationskommunikation 3

Als Legitimationskommunikation sind sämtliche Kommunikationen eines Verbandes definiert worden, mit denen Verbände die Legitimation ihrer Interessen und die Interessendurchsetzung gegenüber dem politisch-administrativen System thematisieren. Legitimität ist für Verbände ein zu lösendes Problem, da sie spezifische Gruppeninteressen vertreten und daher besondere Anstrengungen unternehmen müssen, um ihre Forderungen zu legitimieren (vgl. Pfetsch 1996, S. 287).

Die Legitimationskommunikation von Verbänden kann auch als Public Affairs und damit als spezifische Form der Public Relations bezeichnet werden (vgl. Hoffjann 2014). Public Affairs zielt dabei insbesondere auf die Interessendurchsetzung bei politischen Entscheidungen. Legitimationskommunikation ist damit insbesondere politische Kommunikation, also Kommunikation im Medium des politischen Systems: der Macht. Legitimationskommunikation bzw. Public Affairs ist dabei in ganz unterschiedlichen Organisationsformen und gesellschaftlichen Bereichen zu beobachten – sowohl in Verbänden als auch in Unternehmen oder in Stiftungen. Ein solch allgemeines Verständnis betrachtet die Public Affairs-Aktivitäten zum Beispiel eines Unternehmens und seine Mitgliedschaft in Wirtschaftsverbänden damit als funktionale Äquivalente. Unternehmen strukturieren mit beiden Möglichkeiten ihre Beziehungen zum politischen System. Bei allen nicht zu leugnenden Unterschieden können in einer solchen Perspektive auch die Gemeinsamkeiten der Legitimationskommunikation beobachtet werden.

In der Legitimationskommunikation kann im Wesentlichen zwischen öffentlichen und nicht-öffentlichen Formen unterschieden werden. *Public Campaigning als öffentliche Form* der Legitimationskommunikation versucht, die öffentliche Meinung mit dem Ziel zu beeinflussen, dass Politiker die öffentliche Meinung nicht mehr ignorieren können. In der Regel versucht Public Campaigning, eigene Themen mit verbundenen Interpretationsschemata zu setzen. Dazu wird an relevante gesellschaftliche Werte wie soziale Gerechtigkeit oder Meinungsfreiheit appelliert. Hier wird die Dolmetscherfunktion von Verbänden deutlich: Im Falle von Wirt-

O. Hoffjann, *Verbandskommunikation und Kommunikationsmanagement*, essentials, 11
DOI 10.1007/978-3-658-03861-8_3, © Springer Fachmedien Wiesbaden 2014

schaftsverbänden werden wirtschaftliche Interessen „politisch" übersetzt, indem die breite Unterstützung bzw. der Nutzen für große Teile der Gesellschaft herausgestellt werden.

Während mit Lobbying direkt Druck auf die Entscheidungsträger ausgeübt wird, sollen im Public Campaigning der Druck durch die öffentliche Meinung im Allgemeinen sowie ihre Themenstruktur und die dominanten Interpretationsschemata im Speziellen wirken. Dazu werden Themen politisiert, ihr Entscheidungsbedarf wird sichtbar gemacht und etablierte Themen werden mit der eigenen Meinung besetzt. So soll öffentliche Aufmerksamkeit und Akzeptanz in diffuse politische Zustimmung verwandelt werden. Im Rahmen des Public Campaigning werden die eigenen Interessen legitimiert, um ihre Durchsetzungschancen zu erhöhen. Eine alternative Strategie des Public Campaigning setzt explizit die eigene Macht ein. Mit expliziten und impliziten Boykottdrohungen wird versucht, öffentlich Druck auf die Parteien, Regierungen und Verwaltung auszuüben. Damit können unterschiedliche Konfrontationsgrade des Public Campaigning unterschieden werden, die von einer grundsätzlichen Thematisierung und Legitimation der eigenen Position bis hin zu einer öffentlichen Machtdemonstration in Kombination mit Boykottdrohungen reichen können. (Vgl. Steiner 2009)

Unter *Lobbying* als der nicht-öffentlichen Form der Legitimationskommunikation wird in der Regel der direkte Versuch von Vertretern gesellschaftlicher Interessen verstanden, auf Akteure aus Parteien, Parlamenten, Regierungen und Verwaltungen konkret einzuwirken (vgl. z. B. Althaus 2007a, S. 798; Kleinfeld et al. 2007, S. 10). Dies kann entweder formell geschehen – also durch die Teilnahme an Anhörungen in den Bundestagsausschüssen und den Ministerien – oder informell z. B. durch persönliche Gespräche mit Entscheidungsträgern, Anfertigen von Positionspapieren und Stellungnahmen oder der Durchführung von parlamentarischen Abenden und Mittagsveranstaltungen (vgl. Jarren und Donges 2002b, S. 30 f.; Bender und Reulecke 2004). Lobbying soll im Folgenden nicht weiter verfolgt werden, da dies zwar eine funktional äquivalente Strategie der Legitimationskommunikation ist, nicht aber im Mittelpunkt dieses Bandes steht.

Welche Relevanz haben die oben skizzierten relevanten Entwicklungen für die öffentliche und nicht-öffentliche Form der Legitimationskommunikation?

3.1 Erzwungene und überschätzte Medialisierung?

Die Medialisierung intermediärer Organisationen scheint im Diskurs der politischen Kommunikation schon fast den Charakter eines Axioms gewonnen zu haben. Massenmedien seien, so zum Beispiel Steiner und Jarren (2009, S. 255), für intermediäre Organisationen mittlerweile zur zentralen, unberechenbaren und unhintergehbaren Bezugsgröße geworden. Eine eingehendere Analyse gibt Hinweise darauf, dass die Medialisierung von Verbänden durchaus differenzierter zu betrachten ist.

In der Legitimationskommunikation sind Lobbying und Public Campaigning funktionale Äquivalente. Dafür spricht zunächst, dass Verbände das nicht-öffentliche Lobbying öffentlichen Formen der Legitimationskommunikation zu präferieren scheinen. Je besser der Zugang zu Entscheidungsträgern in Parteien, Regierungen, Parlamenten und Verwaltungen durch Lobbying ist, desto weniger werden Public Campaigning-Aktivitäten eingesetzt (vgl. Arlt 1998; Hackenbroch 1998a; Schendelen 2001). „Solange Verbände ihre Forderungen mittels formeller Gespräche, beratender Tätigkeit und sonstiger geregelter Kontakte mit den wichtigen Akteuren im politischen System durchsetzen können, ist ihnen an einer Transparenz ihrer Aktivitäten sowie einer öffentlichen Diskussion ihrer Ziele wenig gelegen" (Weber 1981, S. 224). Denn „Transparenz und Öffentlichkeit [werden] von Verbands- und politischen Eliten als kontraproduktiv, als unberechenbares und daher zu vermeidendes Risiko angesehen" (Koch-Baumgarten 2004, S. 73). Für eine Präferenz des Lobbyings spricht zudem, dass dies in der Regel preiswerter sein dürfte.

Für den Verzicht auf öffentliche Formen der Legitimationskommunikation spricht nach Koch-Baumgarten, dass der politische Alltag routinisiert und konsensual ist und in der Regel jenseits von Medienaufmerksamkeit und Medieneinflüssen stattfindet (vgl. ebd.: 76). Erst in konfliktorischen Politikarenen setzen Medieninteresse und -einfluss ein. Öffentliche Formen der Legitimationskommunikation sind in den Fragen relevanter, an denen sich gesellschaftliche Kontroversen und Konflikte entzünden (vgl. ebd.: 79).

Erst in jüngeren Arbeiten werden die Beziehungen zwischen Lobbying und Public Campaigning nicht mehr nur als Substitutionsverhältnis, sondern auch als gegenseitiges Stützungsverhältnis modelliert. So erleichtern eine medienöffentliche Präsenz und die daraus resultierende Bekanntheit den Zugang zu Entscheidern (vgl. Preusse und Zielmann 2009, S. 66 f.). Hier kann auch von einem integrativen Ansatz gesprochen werden, in dem personale und massenkommunikative Persuasionsstrategien miteinander verschränkt werden. So wird in der Öffentlichkeit das eigene Interesse als im Sinne des Gemeinwohls inszeniert und damit legitimiert, um im Lobbying bessere Chancen zu haben (vgl. Heinze 2009, S. 10; Münch 1991, S. 100 f.). Diese Legitimationsversuche des Lobbyings scheinen auch deshalb wichtiger zu werden, weil mit einem wachsenden öffentlichen Interesse am Lobbying der Handlungsspielraum für informelle Interessenpolitik abnimmt (vgl. Kleinfeld et al. 2007, S. 20).

Angesichts dieser skeptischen Haltung zur öffentlichen Thematisierung kann schon fast von einer erzwungenen Medialisierung der Legitimationskommunikation in Verbänden gesprochen werden. Der zu beobachtende Ausbau der Kommunikationsabteilungen (vgl. u. a. Hoffjann und Gusko 2013) in vielen Verbänden scheint damit vor allem eine Reaktion auf die Professionalisierungsbemühungen konkurrierender politischer Akteure wie Parteien, Regierungen, Unternehmen und vor allem der neuen Verbände der Neuen Sozialen Bewegungen zu sein. Ob damit die Hoffnung verbunden ist, die Interessendurchsetzung zu unterstützen, oder ein Verband nur nicht weiter durch „zu häufige Abwesenheit" (Arlt und Jarren 1996, S. 307) auffallen will, kann nur weitere Forschung zeigen.

Vor allem aber ist zu fragen, ob die Medialisierung sich auf Verbände beschränkt, über deren Interessen in den konfliktorischen Politikarenen entschieden wird. Möglicherweise ist die Medialisierung insbesondere in mittleren und kleineren Verbänden weniger vorangeschritten, als vielfach unterstellt wird. Einen empirischen Hinweis darauf geben Preusse und Zielmann (2009, S. 67), die in einer empirischen Untersuchung eine Medialisierung verbandlicher Interessenkommunikation in der Breite nicht beobachten konnten.

3.2 Erfolgversprechende Medialisierung?

Wenn sich Verbände – freiwillig oder unfreiwillig – für eine öffentliche Legitimationskommunikation entschlossen haben, stoßen sie auf ein strukturelles Problem: Verbände finden in der politischen Berichterstattung deutlich weniger Berücksichtigung als Regierungsakteure – nur sieben von 100 genannten politischen Akteuren sind Interessengruppen (vgl. Hackenbroch 1998a, S. 197). Dieser nicht mehr ganz aktuelle Befund mag sich durch die gestiegene Quantität und Qualität von Verbandskampagnen zu Gunsten der Verbände geändert haben – ein deutliches Übergewicht der Regierungsakteure dürfte es aber bis heute geben.

Und selbst wenn man nur die Konkurrenzsituation zu anderen organisierten Interessen berücksichtigt, sieht es nicht viel besser aus. Zur gestiegenen Anzahl an Verbänden kommen große Unternehmen mit ihren Hauptstadtrepräsentanzen als weitere Akteure hinzu. Der mediale Erfolg eines Verbands hängt dann von zahlreichen Variablen ab: vom gesellschaftlichen Bereich (Wirtschaft, Soziales, Kultur, Umwelt etc.), vom politischen Standort, von der Verallgemeinerungsfähigkeit der jeweiligen Interessen, von der internen Struktur, vom Organisationsgrad der jeweiligen Klientel, vom Status, von der Stärke der Konkurrenz mit anderen Verbänden im jeweiligen Feld und von der Einbindung in den Entscheidungsprozess (vgl. Vowe 2007, S. 472). Das führt bei kleineren Verbänden zum Problem, öffentlich überhaupt wahrgenommen zu werden: „Bei veröffentlichten Meinungen ist Größe – der DGB-Vorsitzende, IG Metall-Chef, ÖTV-Chefin – jedoch ein Kriterium, das nur selten bei abweichenden Meinungen (DGB-Reform), Ereignissen (Arbeitskampf) oder Originalität […] durchbrochen werden kann." (Gewerkschaft Holz und Kunststoff, Wirtschafts- und Tätigkeitsbericht 1989–1992, S. 51; zit. nach Arlt 1998, S. 176)

3.3 Öffentliche Legitimationskommunikation ohne Mitglieder?

Erfolg und Misserfolg der Legitimationskommunikation hängen auch von der Unterstützung ab, die Verbände glaubwürdig machen können. Während Massendemonstrationen ihre breite Unterstützung mit der physischen Präsenz der Teilnehmer deutlich machen können, verzichten mediale Inszenierungen auf diese Rückverbindung. Sie können damit u. a. als Reaktion zurückgehender Mitgliederzahlen und größerer Mobilisierungsprobleme interpretiert werden – und dürften diese zugleich weiter verschärfen.

Bei medialen Inszenierungen insbesondere von Protestorganisationen wie *Greenpeace* geht das Publikum noch von der Unterstützung der Mitglieder aus. Mediale Protestinszenierungen werden aber immer beliebiger, unglaubwürdiger und damit wirkungsloser, je größer ihre Zahl ist und je mehr sie von Akteuren wie Arbeitgeberverbänden und Unternehmen eingesetzt werden, denen man eine breite Unterstützung weniger glaubt.

Hier wird die Chance von moderneren Formen des so genannten Grassroot Lobbying gesehen, unter dem mit Lerbinger (2008, S. 253) die „mobilization of constituents to demonstrate public support for an organization's position" verstanden wird. Spätestens mit dem Internet ist sowohl die Mobilisierung für Organisationen als auch die Teilnahme an solchen Protestaktionen deutlich einfacher, schneller und günstiger geworden. Darin liegt jedoch auch die Gefahr des Grassroot Lobbyings: Je geringer der Aufwand ist – z. B. das Versenden einer standardisierten Mail – und je abhängiger die mobilisierten Akteure von der initiierenden Organisation sind (z. B. als Mitarbeiter), desto größer sind die Glaubwürdigkeitsprobleme des Grassroot Lobbyings und damit der Legitimationskommunikation. In der amerikanischen PR-Literatur wird diese Simulation von Unterstützung als Astroturf bezeichnet (vgl. Showalter und Fleisher 2005, S. 111).

Mitgliederbindungskommunikation 4

Als Mitgliederbindungskommunikation sind sämtliche Kommunikationen definiert worden, die das Problem der Mitgliederbindung bearbeiten. Verbände sind auf eine starke Mitgliedschaft angewiesen, um mit einer breiten Unterstützung ihre Interessen glaubwürdig legitimieren zu können und damit Einflusspotenziale zu sichern.

Zielgruppen der Mitgliederbindungskommunikation sind (potenzielle) Mitglieder. Von der Mitgliederbindungskommunikation unterschieden werden soll die interne bzw. Mitarbeiterkommunikation, deren Zielgruppe hauptamtliche Funktionäre und angestellte Mitarbeiter beispielsweise einer Verbandsgeschäftsstelle sind. Für diese Entscheidung spricht, dass in solchen Fällen die Mitgliedschaft mehr durch die finanzielle Abhängigkeit geprägt ist als durch das Motiv zur Teilnahme an diskursiver Willensbildung (vgl. Wiesenthal 1993, S. 6). Hingegen können in einem erweiterten Verständnis der Mitgliederbindungskommunikation auch Nicht-Mitglieder einbezogen werden, wenn sie zur aktiven Unterstützung – z. B. in Form von Spenden – aufgefordert werden. Damit kann zwischen mehreren Graden der Unterstützung differenziert werden: von einer aktiven Mitgliedschaft (z. B. als ehrenamtlicher Funktionär) über eine passive Mitgliedschaft bis hin zur aktiven Unterstützung durch Spenden.

Die Dolmetscherfunktion der Verbände gegenüber den Mitgliedern zeigt sich u. a. darin, dass Verbände die für das jeweilige Funktionssystem relevanten Folgen von Entscheidungen des politisch-administrativen Systems beobachten und vermitteln. Verbände übernehmen hier eine Hörrohrfunktion, wie Rückel es bezeichnet (1993, S. 97). Sie lassen sich vom politischen System irritieren und übersetzen die Perturbationen in die jeweilige „Systemsprache". Mit dieser nicht normativ zu verstehenden Vermittlungsleistung legitimieren Verbände in der Regel zugleich Entscheidungen des politisch-administrativen Systems und sich selbst gegenüber den Mitgliedern. So werden sie in der Regel bei politischen Entscheidungen, die den Interessen der Mitglieder widersprechen, auf die Zwänge des politisch-admi-

O. Hoffjann, *Verbandskommunikation und Kommunikationsmanagement*, essentials, 17
DOI 10.1007/978-3-658-03861-8_4, © Springer Fachmedien Wiesbaden 2014

nistrativen Systems verweisen, um das eigene Scheitern zu erklären bzw. davon abzulenken (vgl. Jarren und Donges 2002a, S. 140). Hier zeigt sich, dass Mitgliederbindungskommunikation nicht blind der Mitgliedschaftslogik folgt, sondern auch schon die Einflusslogik mit einbezieht.

Im Folgenden sollen die Auswirkungen der drei relevanten Entwicklungen auf die Mitgliederbindungskommunikation aufgezeigt werden.

Die Auswirkungen des „Aussterbens der Stammkunden" (Streeck 1987, S. 474) für die Mitgliederbindungskommunikation sind offensichtlich. Man könnte auch formulieren: Während früher die Organisation innerverbandlicher Willensbildung das zentrale Problem der Kommunikation mit Mitgliedern gewesen ist, ist es heute die Gewinnung und Bindung von Mitgliedern. Daher wurde für diese Problembearbeitung der Begriff der Mitgliederbindungskommunikation statt der Mitgliederkommunikation gewählt. Ganz allgemein hat dies zunächst dazu geführt, dass die Pflege der Mitgliedschaft sich als organisatorische Sonderfunktion in Verbänden ausdifferenziert hat (vgl. Streeck 1987, S. 477; Willems und Winter 2007, S. 33). Dabei entstehen neue Formen der Mitgliederbindungskommunikation, deren Gemeinsamkeit darin liegt, dass sie auf formalorganisatorischer Ebene Ersatz für verschwundene oder für verbandliche Kommunikation nicht mehr nutzbare Primärbeziehungen zwischen den Mitgliedern selber bzw. zwischen Mitgliedern und Organisation zu schaffen versuchen. Es werden damit funktionale Äquivalente zur persönlichen Kommunikation vor Ort gesucht, die eine Nähe zum Mitglied suggerieren sollen (vgl. Streeck 1987, S. 477 f.). Die affektive Bindung „zu erhalten und zu aktualisieren in einer Gesellschaft, in der individuelles Kosten-Nutzendenken als einzige rationale Verhaltensmaxime gilt, ist unmöglich ohne intensive organisationsinterne Kommunikation" (Arlt 1993, S. 181). Verbände haben darauf u. a. mit dem Ausbau von nicht-öffentlichen Formen der Mitgliederbindungskommunikation reagiert. Mit Mitgliederzeitschriften, Mitgliederbriefen und -newslettern werden Mitglieder in ihrer Mitgliedschaftsrolle angesprochen. Offen bleibt, ob Mitglieder nicht mit solchen „bedruckten Papierfluten" (Arlt und Jarren 1996, S. 306) von oben überfordert und abgeschreckt werden und daher nicht eher offene Kommunikationsräume vielversprechender sind, die auf eine aktive Einbindung der Mitglieder zielen.

Die zurückgehende Bindung von Mitgliedern hat zudem zu einer heterogener gewordenen Mitgliedschaft geführt. Die Ansprüche und Interessen der Mitglieder sind vielfältiger geworden. Grundsätzlich kann vermutet werden, dass affektiv-expressive Motive gegenüber instrumentellen Motiven auf dem Rückzug sind. Daraus folgt eine größere Komplexität in der inneren Umwelt der Mitgliedschaft (vgl. Streeck 1987, S. 475; Steiner und Jarren 2009, S. 260). Denn eine Zunahme der Mitgliederinteressen und -motive führt zu einem „Management von (gestiegener)

Vielfalt" (Streeck 1987, S. 477) und damit zur Multireferenz der Mitgliederbindungskommunikation. Denn so vielfältig die Mitgliedschaftsinteressen und -motive sind, so vielfältig sind letztlich auch die Bezüge der Mitgliederbindungskommunikation. Die Mitgliederbindungskommunikation wird hier einerseits mindestens wirtschaftliche und politische Interessen bei Mitgliedern ansprechen und andererseits zwischen diesen unterschiedlichen Rationalitäten die Balance herstellen.

Die zunehmende Relevanz der Medien bei der Wirklichkeitkonstruktion, die Flüchtigkeit und der zurückgehende Bindungswille vieler Unterstützer sowie die Pluralisierung organisierter Interessen haben in der Summe dazu geführt, dass die Mitgliederbindungskommunikation zunehmend mehr öffentliche Formen einsetzt. Solche öffentlichen Formen – insbesondere qua Pressearbeit und seltener auch qua Media-Werbung – ersetzen zunächst „nicht vorhandene oder zurückgehende Kommunikationswege" (Hackenbroch 1998a, S. 8) zu (potenziellen) Mitgliedern. Öffentliche Formen der Mitgliederbindungskommunikation wie Pressearbeit sind preisgünstig und haben zudem den Vorteil, dass eine Berichterstattung (potenziellen) Mitgliedern und Unterstützern die Relevanz des Verbandes und der artikulierten Interessen suggeriert. Damit löst die Mitgliederbindungskommunikation qua Pressearbeit sowohl das Problem zurückgehender formaler als auch affektiver Mitgliederbindungen: Einerseits erreicht es potenzielle und noch unbekannte Unterstützer, die über die nicht-öffentlichen Mitgliederbindungskommunikationen nicht erreicht würden, andererseits signalisiert Medienberichterstattung passiven Mitgliedern die Relevanz des Interesses und kann so zur Mobilisierung beitragen. Arlt/Jarren vermuten für Gewerkschaften, dass heute schon viele Mitglieder organisationsrelevante Informationen ausschließlich über journalistische Medien beziehen – um den zusätzlichen Preis, dass Verbände ihre eigenen Interpretationen nicht mitliefern können (vgl. Arlt und Jarren 1996, S. 303).

Zudem erfordern die Pluralisierung organisierter Interessen und damit der zunehmende Konkurrenzkampf von Verbänden um Mitglieder eine öffentliche Präsenz. Eine solche Präsenz zielt dann weniger darauf, politische Interessen durchzusetzen, als die Bekanntheit und Attraktivität für potenzielle Mitglieder zu steigern. Es kann bislang nur vermutet werden, dass nicht wenige öffentliche Kommunikationsmaßnahmen von Verbänden nur vordergründig auf die Artikulation des politischen Interesses zielen, primär aber auf die (potenziellen) Mitglieder gerichtet sind. Solche Maßnahmen haben im Gegensatz zu erkennbaren Mitgliederwerbekampagnen – wie sie in der Vergangenheit u. a. von den Gewerkschaften durchgeführt wurden – den Vorteil, dass sie nicht die Botschaft drohender Bestandsgefährdung vermitteln (vgl. Arlt 1998, S. 240).

Relativ neu sind öffentliche Formen der Mitgliederbindungskommunikationen, in denen die Diskussion und der Willensbildungsprozess zu relevanten Verbands-entscheidungen in einem öffentlichen und basisdemokratischen Verfahren ausgetragen werden. Viele Parteien haben dies in den vergangenen Jahren mehrfach versucht. Ziel solcher Aktionen ist es, dem Input von unten mehr Artikulationsspielraum zu geben (vgl. Arlt und Jarren 1996, S. 306) – und dieses basisdemokratische Prinzip für (potenzielle) Mitglieder zu inszenieren.

Integriertes Kommunikationsmanagement 5

Der Widerspruch von Mitgliedschafts- und Einflusslogik ist als das dritte zu lösende Problem von Verbänden herausgearbeitet worden. Integriertes Kommunikationsmanagement ist einleitend definiert worden als die Bearbeitung der Widersprüche, die sich u. a. aus der Legitimationskommunikation und der Mitgliederbindungskommunikation ergeben. Wenn die ausgewählten Entwicklungen für die Mitgliederbindungskommunikation und die Legitimationskommunikation u. a. einen erhöhten Kommunikationsbedarf zur Folge haben, beinhaltet dies das Risiko, dass damit auch die Widersprüche zwischen diesen beiden Disziplinen zunehmen. Bevor in diesem Kapitel zu untersuchen sein wird, wie Verbände dieses Problem und deren Konsequenzen mit einem integrierten Kommunikationsmanagement bearbeiten, soll daher zunächst noch einmal näher analysiert werden, wie sich die ausgewählten Entwicklungen auf den strukturellen Konflikt von Legitimationskommunikation und Mitgliederbindungskommunikation auswirken.

5.1 Die strukturellen Konflikte zwischen Legitimations- und Mitgliederbindungskommunikation

Die Konflikte zwischen Mitgliedschafts- und Einflusslogik dürften angesichts der konstatierten Pluralisierung organisierter Interessen und der zurückgehenden Mitgliederbindung weiter zunehmen. Einerseits wird es mit der Pluralisierung organisierter Interessen tendenziell immer schwieriger, eigene Interessen durchzusetzen. Verbände werden sich tendenziell also auf die Artikulation von weniger, dafür relevanten und als durchsetzungsfähig bewerteten Themen fokussieren. Andererseits führen die zurückgehenden Bindungen der Mitglieder dazu, dass Verbände bemüht sein werden, möglichst viele Interessen ihrer Mitglieder zu repräsentieren. Wenn aber einerseits die Notwendigkeit der Interessenrepräsentation, andererseits

O. Hoffjann, *Verbandskommunikation und Kommunikationsmanagement*, essentials, 21
DOI 10.1007/978-3-658-03861-8_5, © Springer Fachmedien Wiesbaden 2014

die Fokussierung auf immer weniger Interessen wichtiger werden, werden die *Selektionsrisiken für Verbände immer größer.*

Die Auswirkungen der Medialisierung auf die Legitimationskommunikation und die Mitgliederbindungskommunikation bzw. die Relevanz öffentlicher Formen für diese beiden Disziplinen sind sehr unterschiedlich bewertet worden. Während öffentliche Formen der Legitimationskommunikation von Verbänden eher nur als letzte Möglichkeit eingesetzt werden und daher vermutlich in der Breite weniger ausgeprägt sind als vielfach vermutet, scheinen sie in der Mitgliederbindungskommunikation eine zunehmend wichtige Rolle zu spielen. Nachdem die Presse- und Medienarbeit lange Zeit ausschließlich als Instrument zur Interessendurchsetzung verstanden wurde (vgl. z. B. Müller-Vogg 1979, S. 15), wird heute offenkundig zunehmend ihre Bedeutung im Kontext der Mitgliederbindungskommunikation gesehen. Wegen der strukturellen Widersprüche von Mitglieder- und Einflusslogik nehmen Verbände, die sowohl in der Mitgliederbindungskommunikation als auch in der Legitimationskommunikation auf Pressearbeit setzen, das Risiko von Widersprüchen in Kauf. Beispielhaft für dieses Risiko steht der Arbeitskampf der IG Metall 2003, als in den neuen Ländern die Einführung der 35-Stunden-Woche gefordert wurde. Die Forderung mag der Mitgliederlogik gefolgt sein, führte allerdings im Kontext einer schwierigen wirtschaftlichen Situation schnell zu einer Delegitimation der IG Metall. Ähnliche Erfahrungen machen andere intermediäre Organisationen wie Parteien, die wegen zurückgehender Bindungen von Mitgliedern und Wählern auf mobilisierungsfähige Themen setzen – und damit an Akzeptanz bei Wechselwählern einbüßen. Grundsätzlich ist zu vermuten, dass mobilisierungsfähige Kampagnen häufig delegitimierend wirken, gerade weil sie die Unterschiede zwischen dem Verband und seiner Umwelt betonen. Kurzfristig betrachtet mag eine medialisierte Mitgliederbindungskommunikation daher zwar erfolgreich sein. Langfristig dürfte es meistens zu Lasten der Legitimationskommunikation gehen.

5.2 Integriertes Kommunikationsmanagement als Differenzmanagement

Die Konflikte zwischen der Mitgliederbindungskommunikation und der Legitimationskommunikation bearbeitet das integrierte Kommunikationsmanagement von Verbänden. Als integriertes Kommunikationsmanagement wird im Folgenden verstanden „die inhaltliche und formale Abstimmung aller Maßnahmen [...], um die von der Kommunikation erzeugten Eindrücke zu vereinheitlichen und zu verstärken" (Esch 2006, S. 27). Damit wird deutlich, dass die Integration über den Widerspruch von Mitgliederbindungs- und Legitimationskommunikation hinausgeht.

Zum integrierten Kommunikationsmanagement zählen damit auch die Integration von z. B. nicht-öffentlichen Lobbying-Maßnahmen und öffentlichen Kampagnen im Rahmen der Legitimationskommunikation genauso wie der Umgang mit möglichen Widersprüchen zwischen verschiedenen Verbandsebenen.

Im Mittelpunkt der folgenden Überlegungen soll das Management des strukturellen Konfliktes von Mitglieder- und Einflussinteressen stehen. Zudem soll nicht thematisiert werden, wie die Interessen aggregiert und ausgewählt werden, da dies im Wesentlichen von der innerverbandlichen Willensbildung und der Verbandsleitung abhängig ist. Der Einfluss des integrierten Kommunikationsmanagements wird hier zu vernachlässigen sein.

In einer vagen und zudem normativen Annäherung steht das integrierte Kommunikationsmanagement vor der Aufgabe, dass sich die Mitgliederbindungs- und Legitimationskommunikation in einem Gleichgewicht befinden sollten. Eine überaus erfolgreiche Legitimation und Interessendurchsetzung gegenüber dem politisch-administrativen System ist wenig wert, wenn sich die Mitglieder vom Verband nicht vertreten fühlen und ihm die Unterstützung qua Austritt entziehen. Integrierte Kommunikation heißt dann konkret, wie diese Gegensätze bearbeitet werden.

Im integrierten Kommunikationsmanagement geht es folglich um die Differenz von Legitimations- und Mitgliederbindungskommunikation. Integriertes Kommunikationsmanagement kann also als das Management der Differenz legitimierend vs. mitgliederbindend definiert werden. Diese Unterscheidung wird in jedem Verband individuell bearbeitet.

Zunächst einmal können Verbände das Problem durch eine einfache Präferenzentscheidung managen, wenn sie sich mit ihren Ressourcen und den inhaltlichen Entscheidungen für eine Seite entscheiden – also entweder für die Interessen der Mitglieder oder die des politischen Einflusses. Gewerkschaften prägt traditionell, dass ihre Kommunikation sich insbesondere auf Mitglieder und deren Rekrutierung fokussiert (vgl. Arlt 1998; Dorer 1995, 1996; Wiesenthal 1993). Eine andere Präferenz wird bei Unternehmensverbänden getroffen (vgl. Dorer 1995, 1996). Nicht zuletzt wegen der geringeren Mitgliederzahl sind deren Aktivitäten traditionell auf die Legitimationskommunikation fokussiert. Dies ist auch ein Hinweis darauf, dass die Ausweitung der Mitgliedschaft für einen Verband dysfunktional sein kann, wenn dies zu Lasten der Homogenität der Interessen geht. Damit kann zur oben skizzierten Erfolgs- bzw. Misserfolgsspirale von Mitglieder- und Einflussinteressen eine Erfolgsfalle hinzugefügt werden: Je mehr Mitglieder mit unterschiedlichen Interessen ein Verband gewinnt, desto größer werden die Risiken bei der Aggregation und Artikulation der Mitgliederinteressen (vgl. auch Willems und Winter 2007, S. 37). Bei Verbänden geht es also weniger um eine maximale

Mitgliedschaft, sondern eher um eine ausreichende Mitgliedschaft. Aus den Überlegungen folgt, dass das Management der Differenz legitimierend vs. mitgliederbindend tendenziell umso einfacher ist, desto homogener die Mitgliederinteressen sind und desto erfolgreicher die Legitimation und Interessendurchsetzung eines Verbandes ist – und umgekehrt. In der skizzierten Idealsituation können öffentlich thematisierte Interessen damit gleichermaßen die Probleme der Legitimation und der Mitgliederbindung lösen.

Wie können Verbände jenseits einer solchen Präferenzentscheidung und der skizzierten Idealsituation die Widersprüche zwischen der Legitimations- und Mitgliederbindungskommunikation minimieren? In der Literatur werden dazu in der Regel zwei Strategien genannt: Integration qua Personalisierung bzw. durch Oligarchisierung (vgl. z. B. Steiner und Jarren 2009, S. 264). Unter der *Oligarchisierung* der Willensbildung wird ein Informationsvorsprung der hauptamtlichen Verbandsmitarbeiter und der Verbandsführung gegenüber dem einfachen Mitglied verstanden (Oberreuter und Weber 1977, S. 15). Letztlich ist diese Strategie folglich nichts anderes als eine einfache Präferenzstrategie – mit all ihren kurzfristigen positiven Chancen und langfristigen negativen Risiken. Die *Personalisierungsstrategie* scheint hier eher ein möglicher Ausweg zu sein. Erfolgreiche Personalisierungsstrategien können von inhaltlichen Differenzen ablenken. Starke und charismatische Verbandsführer können mithin zugleich eine Systemintegration und eine Sozialintegration schaffen. Mittelfristig sind allerdings auch solche Strategien höchst riskant, weil kurzfristig erfolgreiche Personalisierungsstrategien dazu führen können, dass lange überfällige Programmdiskussionen verschoben werden und nach einem Wechsel umso heftiger auftreten.

Eine dritte Option ist die Gründung von *Kampagnenorganisationen* wie der „Initiative Neue Soziale Marktwirtschaft". Um eine zugespitzte Legitimationskommunikation zu ermöglichen und sich so vom Ballast einer breiten Interessenrepräsentation zu befreien, wird die Legitimationskommunikation externalisiert und damit eine Mehrmarkenstrategie gewählt. Als Nachteil kann sich erweisen, dass diesen Kampagnenorganisationen in der öffentlichen Wahrnehmung die Legitimation durch eine Mitgliedschaft fehlt, wie sie Verbände vorweisen können.

Eine vierte Option mag auf den ersten Blick überraschend sein: *eine restriktive Nutzung öffentlicher Formen der Legitimations- und Mitgliederbindungskommunikation.* Öffentliche Legitimations- und Mitgliederbindungskommunikation haben das Problem, dass mögliche Widersprüche offen erkennbar sind. Da es in beiden Disziplinen vielversprechende funktionale Äquivalente gibt – in der Legitimationskommunikation das Lobbying und in der Mitgliederbindungskommunikation die Direktkommunikation – wäre ein Verzicht auf öffentliche Thematisierung eine Möglichkeit, Widersprüche für die jeweils andere Seite nicht zu offenkundig werden zu lassen. Insbesondere für Großverbände ist diese Option allerdings kaum zu realisieren, da gerade für sie öffentliche Formen der Mitgliederbindungskommunikation enorme Kostenvorteile besitzen und sie sich mit vielen Themen in einer konfliktorischen Politikarenen befinden – ob sie wollen oder nicht.

Fazit 6

In den zurückliegenden Kapiteln sind mit der Legitimationskommunikation und der Mitgliederbindungskommunikation zwei ausdifferenzierte Disziplinen der Verbandskommunikation erläutert worden. Vor dem Hintergrund ausgewählter aktueller Entwicklungen ist herausgearbeitet worden, welche Veränderungen in den beiden Disziplinen zu beobachten sind. In der Legitimationskommunikation haben die Pluralisierung organisierter Interessen und die zurückgehende Mitgliederbindung dazu geführt, dass die Legitimation von Verbandsinteressen und die Interessendurchsetzung immer schwieriger werden. Die Medialisierung politischer Kommunikation hat zur Zunahme öffentlicher Formen von Legitimationskommunikation geführt – wenn auch vermutlich nicht in dem Umfang, der immer wieder unterstellt wird. Die zurückgehende Mitgliederbindung hat erst zur Ausdifferenzierung der Mitgliederbindungskommunikation geführt. Die Pluralisierung organisierter Interessen und die Medialisierung haben dazu geführt, dass es zunehmend öffentliche Formen der Mitgliederbindungskommunikation gibt. Das integrierte Kommunikationsmanagement bearbeitet u. a. die Widersprüche, die sich aus der Legitimations- und Mitgliederbindungskommunikation ergeben angesichts der ausgewählten aktuellen Entwicklungen weiter zunehmen dürften. Viele Verbände „lösen" das Problem der Widersprüche, indem sie eine Seite der Unterscheidung präferieren.

Der Erfolg der Mitgliederbindungskommunikation, der Legitimationskommunikation und insbesondere des integrierten Kommunikationsmanagements sind von ihrem innerverbandlichen Einfluss abhängig. Wenn die Mitgliederbindungs- und Legitimationskommunikation als „Krücke", mal als „Gehhilfe oder als Schlaginstrument" eingesetzt werden (Arlt 1993, S. 184) oder PR als „Schönwettermacher" oder als „Fassadenanstreicher" (Ronneberger 1982, S. 40) angesehen wird, werden weder die Mitgliederbindungs- und die Legitimationskommunikation für sich genommen noch das integrierte Kommunikationsmanagement erfolgreich sein können.

O. Hoffjann, *Verbandskommunikation und Kommunikationsmanagement*, essentials, 27
DOI 10.1007/978-3-658-03861-8_6, © Springer Fachmedien Wiesbaden 2014

Die Anforderungen an das Kommunikationsmanagement als Teil des strategischen Verbandsmanagements sind vergleichbar mit denen an die PR, die im Kontext des Diskurses zur PR als Teil des strategischen Managements in Unternehmen genannt werden (vgl. z. B. Dozier 1992). Wenn die Legitimationskommunikation Meinungsbildungsprozesse beobachtet und neue Konfliktlinien erkennt, kann dies auch zu der Empfehlung führen, dass die Verbandspolitik geändert werden muss (vgl. Arlt 1998, S. 251). Dazu braucht es mindestens ein konsultatives und kein exekutives PR-Verständnis (vgl. ebd.: 221) und damit eine Nähe zur Verbandsleitung sowie eine Einbindung in Verbands-Entscheidungen. Diese Notwendigkeit gilt letztlich für jede denkbare Institutionalisierung bzw. organisationale Verankerung der Disziplinen.

Die Wirklichkeit in vielen Verbänden scheint noch anders auszusehen. Während noch zwei Drittel befragter Verbandspressesprecher in einer Studie von Szyszka et al. (vgl. 2009, S. 166) sagen, dass sie die Verbandsleitung häufig bzw. sehr häufig beraten würden, kommt Voss zu dem Ergebnis, dass PR nur in jeder dritten NGO Teil des strategischen Managements ist (vgl. Voss 2007, S. 130). Noch ernüchternder fällt die Analyse von Arlt für das Feld der Gewerkschaften aus. Die fehlende Nähe zur Leitung führe dazu, dass Öffentlichkeitsarbeiter zu den Letzten gehören, die etwas erfahren, während intern und extern, z. B. unter Journalisten mit guten Kontakten zur Organisation, die entsprechenden Informationen längst kursieren (vgl. Arlt 1998, S. 215). Und weiter: „Der geringe formale Organisationsgrad gewerkschaftlicher Öffentlichkeitsarbeit, ihre zersplitterte Integration, machen es unmöglich, dass sich innergewerkschaftlich so etwas wie eine PR-orientierte Entscheidungslogik etablieren kann, die zu anderen Entscheidungsalternativen in Konkurrenz treten könnte." (ebd.: 206) Der Weg zu einer strategischen Managementfunktion scheint in einigen Verbänden noch recht weit zu sein.

Literatur

von Alemann, Ulrich. 2000. Vom Korporatismus zum Lobbyismus? Die Zukunft der Verbände zwischen Globalisierung, Europäisierung und Berlinisierung. *Aus Politik und Zeitgeschichte* 50 (B26–27): 3–6.

Althaus, Marco. 2007. Public Affairs und Lobbying. In *Handbuch Unternehmenskommunikation*, Hrsg. Manfred Piwinger und Ansgar Zerfaß, 797–816. Wiesbaden.

Arlt, Hans-Jürgen. 1993. Die PR der Gewerkschaften. In *Öffentlichkeitsarbeit und Werbung. Instrumente, Strategien, Perspektiven*, Hrsg. Gero Kalt, 181–186. Frankfurt a.M.

Arlt, Hans-Jürgen. 1998. *Kommunikation, Öffentlichkeit, Öffentlichkeitsarbeit. PR von gestern, PR von morgen – das Beispiel Gewerkschaft*. Opladen.

Arlt, Hans-Jürgen und Otfried Jarren. 1996. Mehr PR wagen? Über Agitation, Öffentlichkeitswandel und Gewerkschaftsreform. *Gewerkschaftliche Monatshefte* 47 (5): 298–308.

Bender, Gunnar und Lutz Reulecke. 2003. *Handbuch des deutschen Lobbyisten. Wie ein modernes und transparentes Politikmanagement funktioniert*. Frankfurt a.M.

Berger, Ulrike. 2004. *Organisierte Interessen im Gespräch. Die politische Kommunikation der Wirtschaft*. Frankfurt a.M.

Brieske, Stefan. 2007. *Public Relations der Verbände. Kommunikation im Schatten des Lobbying*. Osnabrück.

Brodocz, André. 1996. Strukturelle Kopplung durch Verbände. *Soziale Systeme* 2 (2): 361–387.

Czada, Roland. 2000. *Dimensionen der Verhandlungsdemokratie. Konkordanz, Korporatismus, Politikverflechtung*. Hagen.

Donges, Patrick. 2008. *Medialisierung politischer Organisationen. Parteien in der Mediengesellschaft*. Wiesbaden.

Dorer, Johanna. 1995. *Politische Öffentlichkeitsarbeit in Österreich. Eine empirische Untersuchung zur Public Relations politischer Organisationen*. Wien.

Dorer, Johanna. 1996. Öffentlichkeitsarbeit als Instrument der Interessendurchsetzung. Zur Public Relations gesellschaftspolitischer Organisationen. *Gewerkschaftliche Monatshefte* 47 (5): 288–297.

Dozier, David M. 1992. The organizational roles of communications and public relations practitioners. In *Excellence in public relations and communication management*, Hrsg. James. E. Grunig, 327–355. Hillsdale.

Esch, Franz-Rudolf. 2006. *Wirkung integrierter Kommunikation. Ein verhaltenswissenschaftlicher Ansatz für die Werbung*. Wiesbaden.

O. Hoffjann, *Verbandskommunikation und Kommunikationsmanagement*, essentials, DOI 10.1007/978-3-658-03861-8, © Springer Fachmedien Wiesbaden 2014

Hackenbroch, Rolf. 1998a. *Verbände und Massenmedien. Öffentlichkeitsarbeit und ihre Resonanz in den Medien.* Wiesbaden.

Hackenbroch, Rolf. 1998b. Verbändekommunikation. In *Politische Kommunikation in der demokratischen Gesellschaft Ein Handbuch,* Hrsg. Otfried Jarren, Ulrich Sarcinelli und Ulrich Saxer, 482–488. Opladen, Wiesbaden.

Heinze, Rolf G. 2009. Staat und Lobbyismus: Vom Wandel der Politikberatung in Deutschland. *Zeitschrift für Politikberatung* 2 (1): 5–25.

Hoffjann, Olaf. 2007. *Journalismus und Public Relations. Ein Theorieentwurf der Intersystembeziehungen in sozialen Konflikten* (2. Aufl.). Wiesbaden.

Hoffjann, Olaf. 2014. Public Affairs. In *Handbuch der Public Relations. Theoretische Grundlagen und berufliches Handeln* (3. Aufl.), Hrsg. Günter Bentele, Romy Fröhlich und Peter Szyszka. Mit Lexikon. Wiesbaden. (i. V.)

Hoffjann, Olaf, und Jeannette Gusko. 2013. *Der Partizipationsmythos. Wie Verbände Facebook, Twitter & Co. nutzen.* Frankfurt a.M.

Jarren, Otfried, und Patrick Donges. 2002a. *Politische Kommunikation in der Mediengesellschaft. Eine Einführung. Bd. 1: Verständnis, Rahmen und Strukturen.* Wiesbaden.

Jarren, Otfried und Patrick Donges. 2002b. *Politische Kommunikation in der Mediengesellschaft. Eine Einführung. Bd. 2: Akteure, Prozesse und Inhalte.* Wiesbaden.

Jarren, Otfried, Adrian Steiner, und Dominik Lachenmeier. 2007a. Politische Interessenvermittlung im Wandel. Eine Einleitung. In *Entgrenzte Demokratie? Herausforderungen für die politische Interessenvermittlung,* Hrsg. Dies. 9–15. Baden-Baden.

Jarren, Otfried, Adrian Steiner, und Dominik Lachenmeier. 2007b. Entgrenzte Demokratie? Politische Interessenvermittlung im Mehrebenensystem. In *Entgrenzte Demokratie? Herausforderungen für die politische Interessenvermittlung,* Hrsg. Dies. 333–364. Baden-Baden.

Kleinfeld, Ralf, Annette Zimmer, und Ulrich Willems. 2007. Lobbyismus und Verbändeforschung: eine Einleitung. In *Lobbying. Strukturen, Akteure, Strategien,* Hrsg. Dies. 7–35. Wiesbaden.

Koch-Baumgarten, Sigrid. 2004. Verbände und Medien – „Widerspenstiges" in der Debatte um Mediendemokratie. In *Mediendemokratie. Eine Einführung,* Hrsg. Peter Massing, 67–93. Schwalbach.

Leif, Thomas, und Rudolf Speth. 2006. Die fünfte Gewalt – Anatomie des Lobbyismus in Deutschland. In *Die fünfte Gewalt. Lobbyismus in Deutschland,* Hrsg. Dies. 10–37. Wiesbaden.

Lerbinger, Otto. 2008. *Corporate public affairs. Interacting with interest groups, media, and government.* New York.

Lieckweg, Tania. 2001. Strukturelle Kopplung von Funktionssystemen „über" Organisation. *Soziale Systeme* 7 (2): 267–289.

Luhmann, Niklas. 1964. *Funktionen und Folgen formaler Organisationen.* Berlin.

Luhmann, Niklas. 2000a. *Organisation und Entscheidung.* Opladen.

Luhmann, Niklas. 2000b. *Die Politik der Gesellschaft.* Frankfurt a.M.

Müller-Vogg, Hugo. 1979. *Public Relations für die soziale Marktwirtschaft. Die Öffentlichkeitsarbeit der Bundesvereinigung der Deutschen Arbeitgeberverbände, des Bundesverbands der Deutschen Industrie und des Instituts der Deutschen Wirtschaft zwischen 1966 und 1974.* München.

Münch, Richard. 1991. *Dialektik der Kommunikationsgesellschaft.* Frankfurt a.M.

Oberreuter, Heinrich, und Jürgen Weber. 1977. *Plurale Demokratie und Verbände.* Stuttgart.

Pfetsch, Barbara. 1996. Strategische Kommunikation als Antwort auf die Probleme der Politikvermittlung. *Gewerkschaftliche Monatshefte* 47 (5): 280–288.

Preusse, Joachim, und Sarah Zielmann. 2009. Funktion und Stellenwert von PR in Interessenverbänden der Wirtschaft. *PR-Magazin* 40 (5): 63–68.

Ronneberger, Franz. 1982. Die politische Rolle der Verbände in der parlamentarischen Demokratie und pluralistischen Gesellschaft. In *Public Relations der Gewerkschaften und Wirtschaftsverbände. Ergebnisse eines Forschungsseminars* (2. Aufl.), Hrsg. Manfred Rühl, 22–44. Düsseldorf.

Rucht, Dieter. 1993. Parteien, Verbände und Bewegungen als Systeme politischer Interessenvermittlung. In *Stand und Perspektiven der Parteienforschung in Deutschland,* Hrsg. Niedermayer, Oskar und Stöss Richard, 251–275. Opladen.

Rucht, Dieter. 2007. Das intermediäre System politischer Interessenvermittlung. In *Entgrenzte Demokratie? Herausforderungen für die politische Interessenvermittlung,* Hrsg. Otfried Jarren, Dominik Lachenmeier und Adrian Steiner, 19–32. Baden-Baden.

Rückel, Roland R. 1983. Öffentlichkeitsarbeit von Wirtschaftsverbänden. In *Public Relations des politischen Systems. Staat, Kommunen und Verbände,* Hrsg. Franz Ronneberger, 92–111. Wiesbaden.

Sarcinelli, Ulrich. 1998. Mediatisierung. In *Politische Kommunikation in der demokratischen Gesellschaft. Ein Handbuch,* Hrsg. Otfried Jarren, Ulrich Sarcinelli und Ulrich Saxer, 678 f. Opladen.

Schendelen, Rinus van. 2001. Trends of EU lobbying and its research. Vortrag im Rahmen der Tagung „Lobbying: Strukturen, Akteure, Strategien". Protokoll von Andreas Berger. http://www.aktive-buergerschaft.de/vab/resourcen/diskussionspapiere/wp-band20.pdf. Zugegriffen: 31. Okt. 2009.

Schmitter, Philippe C, und Streeck Wolfgang. 1981. The organization of business interests: Studying the associative action of business in advanced industrial societies. MPIfG Discussion Paper, IIM/LMP 81-13.

Sebaldt, Martin, und Alexander Straßner. 2004. *Verbände in der Bundesrepublik Deutschland. Eine Einführung.* Wiesbaden.

Showalter, Amy, und Craig S. Fleisher. 2005. The Tools and Techniques of Public Affairs. In *The handbook of public affairs,* Hrsg. Phil Harris und Craig S. Fleisher, 109–122. London: Thousand Oaks.

Sittler, Loring, und Olaf Hoffjann. 2007. Verbände: Die Gießkannen-Kommunikation. *Public Affairs Manager* 2 (3): 90–95.

Steiner, Adrian. 2009. *System Beratung. Politikberater zwischen Anspruch und Realität.* Bielefeld.

Steiner, Adrian, und Otfried Jarren. 2009. Intermediäre Organisationen unter Medieneinfluss? Zum Wandel der politischen Kommunikation von Parteien, Verbänden und Bewegungen. In *Politik in der Mediendemokratie,* Hrsg. Barbara Pfetsch, Frank Marcinkowski, 251–269. Wiesbaden.

Streeck, Wolfgang. 1987. Vielfalt und Interdependenz. Überlegungen zur Rolle von intermediären Organisationen in sich ändernden Umwelten. *Kölner Zeitschrift für Soziologie und Sozialpsychologie* 39: 471–495.

Szyszka, Peter, Dagmar Schütte, und Katharina Urbahn. 2009. *Public Relations in Deutschland. Eine empirische Studie zum Berufsfeld Öffentlichkeitsarbeit.* Konstanz.

Theis-Berglmair, Anna Maria. 2003. *Organisationskommunikation. Theoretische Grundlagen und empirische Forschungen* (2. Aufl.). Münster.

Thompson, James D. 1967. *Organizations in action: Social science bases of administrative science.* New York.

Voss, Kathrin. 2007. *Öffentlichkeitsarbeit von Nichtregierungsorganisationen. Mittel, Ziele, interne Strukturen.* Wiesbaden.

Vowe, Gerhard. 2007. Das Spannungsfeld von Verbänden und Medien: Mehr als öffentlicher Druck und politischer Einfluss. In *Interessenverbände in Deutschland,* Hrsg. Thomas von Winter und Ulrich Willems 465–488. Wiesbaden.

Weber, Jürgen. 1981. *Interessengruppen im politischen System der Bundesrepublik Deutschland* (2. Aufl.). München.

Wehrmann, Iris. 2007. Lobbyismus in Deutschland – Begriffe und Trends. In *Lobbying. Strukturen, Akteure, Strategien,* Hrsg. Ralf Kleinfeld, Annette Zimmer und Ulrich Willems, 36–64. Wiesbaden.

Wehrsig, Chrstof, und Veronika Tacke. 1992. Funktionen und Folgen informatisierter Organisationen. In *ArBYTE. Modernisierung der Industriesoziologie?* Hrsg. Thomas Malsch und Ulrich Mill, 219–239. Berlin.

Wiesenthal, Helmut. 1993. Akteurkompetenz im Organisationsdilemma. Grundprobleme strategisch ambitionierter Mitgliederverbände und zwei Techniken ihrer Überwindung. *Berliner Journal für Soziologie* 1: 3–18.

Willems, Ulrich, und Thomas von Winter. 2007. Interessenverbände als intermediäre Organisationen. Zum Wandel ihrer Strukturen, Funktionen, Strategien und Effekte in einer veränderten Umwelt. In *Interessenverbände in Deutschland,* Hrsg. Dies. 13–50. Wiesbaden.